BEI GRIN MACHT SICH IHR WISSEN BEZAHLT

- Wir veröffentlichen Ihre Hausarbeit,
  Bachelor- und Masterarbeit

- Ihr eigenes eBook und Buch -
  weltweit in allen wichtigen Shops

- Verdienen Sie an jedem Verkauf

Jetzt bei www.GRIN.com hochladen und kostenlos publizieren

Open Source Intelligence im Bereich Cyber Security. OSINT-Methoden bei Phishing und Denial of Service

GRIN

Bibliografische Information der Deutschen Nationalbibliothek:

Die Deutsche Nationalbibliothek verzeichnet diese Publikation in der Deutschen Nationalbibliografie; detaillierte bibliografische Daten sind im Internet über http://dnb.d-nb.de abrufbar.

ISBN: 9783346436085
Dieses Buch ist auch als E-Book erhältlich.

Druck und Bindung: Books on Demand GmbH, Norderstedt Germany
Gedruckt auf säurefreiem Papier aus verantwortungsvollen Quellen

Das vorliegende Werk wurde sorgfältig erarbeitet. Dennoch übernehmen Autoren und Verlag für die Richtigkeit von Angaben, Hinweisen, Links und Ratschlägen sowie eventuelle Druckfehler keine Haftung.

Das Buch bei GRIN: https://www.grin.com/document/1021455

Seminararbeit

OSINT im Bereich Cyber Security

im Studiengang Business and Security Analytics
der Fakultät Informatik
Wintersemester 19/20
06.Januar 2020

Inhaltsverzeichnis

Abkürzungsverzeichnis

BCC	Blind Carbon Copy
BND	Bundesnachrichtendienst
CIA	Central Intelligence Agency
DNS	Domain Name Service
DoS	Denial of Service
ICANN	Internet Corporation for Assigned Names and Numbers
ISP	Internet Service Provider
IT	Informationstechnik
MTA	Mail Transfer Agent
NATO	North Atlantic Treaty Organization
OSINT	Open Source Intelligence

Abbildungsverzeichnis

1 Einleitung

Technologien, welche u.a. auf dem Internet basieren, wird die schnelle Übermittlung von Nachrichten ermöglicht. Eine solche Nachricht ist beispielsweise die E-Mail.

Im Jahr 2018 gab es in Deutschland seit 2015 einen Zuwachs von über 200 % an Cyberkriminalität im engeren Sinne, die lediglich polizeilich erfasst wurde [1]. Das Bedeutet, dass es ungefähr dreifach gestiegen ist. Zu diesen Cyberkriminalitäten gehören missbräuchliche Nutzungen von Telekommunikationsdiensten, Datenveränderung/Computersabotage sowie Ausspähen oder Abfangen von Daten [1]. Zur Cyberkriminalität im engeren Sinne gehören alle Straftaten, die unter Ausnutzung Informations- und Kommunikationstechnik oder gegen diese begangen wurde [29].

Dazu sind im Jahr 2019 5,594 Millionen aktive E-Mail-Accounts weltweit registriert [2], sowie die Anzahl der täglich versendeten und empfangenen E-Mails beträgt 293,6 Milliarden - Tendenz steigend [3]. Gleichzeitig bedeutet dies eine breite Angriffsfläche für kriminell Motivierte. Über sogenannte Phishing-Mails versuchen diese an sensible Daten von Nutzern zu gelangen. Die Anzahl solcher Mails wird auf mehrere zehn Millionen geschätzt [4]. Der daraus entstandene finanzielle Schaden wird im Jahr 2016 allein in Deutschland auf 8,7 Millionen Euro beziffert [5].

Da diese Problematik rasanter ansteigt, ist es noch wichtiger die Quellen der Angriffe zu identifizieren. Diese Seminararbeit behandelt die Cyber Security an sich und Open Source Intelligence (OSINT) Methoden, um Angriffe zu ermitteln. Erst durch das genaue Erkennen des Angriffes kann eine Aufdeckung erfolgreich durchgeführt werden. Aus diesem Grund werden, nachdem die grundlegenden Begriffe definiert wurden, zwei Angriffe vorgestellt. Daraufhin wird eine methodische Vorgehensweise und Techniken zum Aufspüren beschrieben. Dabei wird diese Arbeit aus der Perspektive eines Ermittlers geschrieben.

2 Grundlagen

Um den Sachverhalt deutlicher veranschaulichen zu können, werden in den Grundlagen die wichtigsten Begriffe definiert. Zum einen ist es für einen Ermittler wichtig, die Bedeutung des OSINT zu kennen und zum anderen spielt die Definition von Cyber Security auch eine große Bedeutung.

2.1 Open Source Intelligence

Die Geschichte von OSINT begann bereits vor Jahrzehnten. Erst mit dem zweiten Weltkrieg bekam OSINT durch die Vereinigten Staaten einen Namen. Die US-Armee nutzte öffentliche Informationen, um Spionage zu betreiben. Im Buch von Allen Dulles, der ehemalige Direktor der Central Intelligence Agency (CIA), wird beschrieben, wie die Vereinigten Staaten die Intelligenz im zweiten Weltkrieg einsetzte. Des Weiteren enthält es die zunkünftigen Potentialien der Intelligenz, die ausgeschöpft werden könnte. Allen Dulles war auch der Meinung, dass jedes Land eine „intellligence analysis"   betreiben sollte, um über Errungenschaften in anderer Länder aus unterschiedlichen Branchen zu erfahren (vgl. [6]). Dies bedeutet so viel wie, dass jedes Land seine eigene Spionage betreiben sollte.

Die folgenden Definitionen stammen von der North Atlantic Treaty Organization (NATO), Bundesnachrichtendienst (BND) des Öffentlichen Rechts (Public law) der Vereinigten Staaten. Diese wurden zeitlich angeordnet. Es wurden explizit Definitionen der Behörden ausgesucht, da diese wissenschaftliche Arbeit aus der Perspektive eines Ermitterls betrachtet wird.

North Atlantic Treaty Organization

> *„Open Source Intelligence, or OSINT, is unclassified information that has been deliberately discovered, discriminated, distilled and disseminated to a select audience in order to address a specific question."* [7]

Öffentliche Recht (Public Law)

> *„Open-source intelligence (OSINT) is intelligence that is produced from publicly available information and is collected, exploited, and disseminated in a timely manner to an appropriate audience for the purpose of addressing a specific intelligence requirement."* [8]

Bundesnachrichtendienst

> *„OSINT steht für OPEN SOURCE INTELLIGENCE. Damit ist die Beschaffung von frei verfügbaren Informationen gemeint. Die offene Informationsgewinnung stellt das quantitativ größte Aufkommen."* [9]

OSINT steht für Informationen oder eine Intelligenz aus Informationen, die aus öffentlichen Quellen gewonnen wurden. Diese Intelligenz oder Information wird bewusst aufgesucht, um Antworten auf bestimmte Fragen zu erhalten. Dabei sind die Informationen zunächst nicht klassifiziert, erst nach dem Sammeln werden diese ausgewertet und in eine Struktur gebracht, bevor sie weiter verbreitet werden.

2.2 Cyber Security

2.2.1 Einführung

In der Literatur sind zahlreiche Definitionen über Cyber Security zu finden. Dabei stellt sich die Frage, ob die deutsche Übersetzung die gesammte Informationssicherheit oder nur den Teilbereich der Informationstechnik (IT)-Sicherheit abdeckt. In der Abb. 2.1 sind die Inhalte der Informationssicherheit abgebildet.

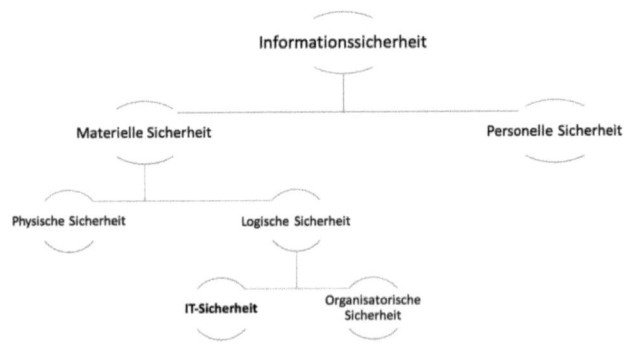

Abb. 2.1: Inhalte der Informationssicherheit [10]

Im weiteren Verlauf werden Definitionen aus unterschiedlichen Literaturen und Lexika aufgeführt, sodass eine umfassende Betrachtung ermöglicht werden kann.

Inge Hanschke

*„Die **Informationssicherheit** zielt auf den angemessenen Schutz von Informationen und IT-Systemen insbesondere in Bezug auf alle festgelegten Schutzziele, wie Vertraulichkeit, Integrität und Verfügbarkeit, ab. So soll insbesondere ein unbefugter Zugriff oder Manipulation von Daten verhindert und soweit möglich vorgebeugt werden, um daraus resultierende wirtschaftliche Schäden zu verhindern. Bei den Daten ist es unerheblich, ob diese einen Personenbezug haben oder nicht. Informationen können sowohl auf Papier oder in IT-Systemen vorliegen.“* [11]

Gabler Wirtschaftslexikon

*„**Cybersecurity oder IT-Sicherheit** ist der Schutz von Netzwerken, Computersystemen, cyber-physischen Systemen und Robotern vor Diebstahl oder Beschädigung ihrer Hard- und Software oder der von ihnen verarbeiteten Daten sowie vor Unterbrechung oder Missbrauch der angebotenen Dienste und Funktionen. Bei den Daten handelt es sich sowohl um persönliche als auch um betriebliche (die wiederum persönliche sein können)“* [12]

Nobert Pohlmann

*„**Cyber-Sicherheit** befasst sich mit allen Aspekten der IT-Sicherheit, wobei das Aktionsfeld auf den gesamten Cyber-Raum ausgeweitet wird. Cyber-Raum umfasst in dieser Definition sämtliche mit dem globalen Internet verbundene IT und IT-Infrastrukturen sowie deren Kommunikation, Anwendungen, Prozesse mit Daten, Informationen und Intelligenzen.“* [13]

Informationssicherheit wird als Schutz von IT-Systemen und Computernetzwerken definiert. Daten und Informaitonen sollen ebenso vor Diebstahl und Manipulation gesichert werden. Hierbei spielt es keine Rolle, ob sie digital oder traditionell auf Papier vorliegen. Die Sicherheit von sämtlichen IT und IT-Infrastrukturen beinhaltet die IT-Sicherheit. Dabei sind Netzwerke, cyber-physische Systeme und Computersysteme inbegriffen. Daten sind ebenso ein Teil davon. Hier kann der Unterschied zur Informationssicherheit festgestellt werden. Die IT-Sicherheit beschränkt sich lediglich auf Informationen und Daten, die in Systemen vorliegen.

In dieser wissenschaftlichen Ausarbeitung versteht sich unter Cyber-Security der Schutz von IT-Landschaft, sowie der Daten, die sowohl persönlich als auch betrieblich sein können. Dabei werden die Informationen und Daten, die analog vorliegen ausgegrenzt.

2.2.2 Schutzziele

Das Ziel der IT-Sicherheit ist es Systeme und elektronische Informationen zu schützen. Um diesen Schutz zu gewährleisten werden Schutzziele beschrieben, die bewachende Eigenschaften und Zustände der Systeme und Informationen beinhalten (vgl. [16]). Die drei bekanntesten Ziele sind die Vertraulichkeit, Verfügbarkeit und Integrität. Jedes Mal, wenn ein Angriff gestartet wird, wird einer dieser Schutzziele gebrochen. Aus diesem Grund ist es wichtig, diese im Voraus zu kennen und sich davor zu schützen.

Die **Vertraulichkeit** gewährleistet nur für autorisierte User den Zugriff auf Systeme und Daten [14]. Dieses Ziel soll die Maßnahme ergreifen den Zugriff und Zugang auf Informationen und Systeme sicherzustellen [17]. Die Gewährleistung, dass die Systeme und Informationen jederzeit betriebs- und zugriffsbereit sind, beschreibt die **Verfügbarkeit** [15]. Sie stellt Maßnahmen zur Vermeidung von Beschränkung oder Unterbrechung der Verfügbarkeit auf [17]. Die **Integrität** beschreibt die Unveränderlichkeit von Systemen oder Informationen. Als Maßnahme dazu sollen Veränderungen von nicht autorisierten Usern verhindert werden. Die Überarbeitungen müssen erkennbar und bestenfalls nachvollziehbar sein [17].

3 Arten der Angriffe

Um einen Angriff aufdecken zu können, ist es wichtig zu wissen, wie ein Angriff ausgeführt wird. Ohne den Weg zum Angriff, kann schwer eine Rückverfolugung stattfinden. Aus diesem Grund wird im angehenden Kaptiel zwei Beispiele zu Angriffen vorgestellt, die mithilfe von OSINT aufgespürt werden könnten. Als Erstes wird ein Identitätsdiebstahl anhand des Phishing-Verfahrens, in der auf persönliche Daten eines Users eingegriffen wird, aufgezeigt. Anschließend folgt der Denial of Service (DoS)-Angriff, die Netzwerke zeitweise blockiert oder gar komplett außer Betrieb setzen kann.

3.1 Phishing

Phishing leitet sich aus den zwei englischen Begriffen *Password* und *Fishing* ab. Sie stellt zudem eine spezielle Form des Social Engineerings dar. Dabei wird die Gutgläubigkeit des Users ausgenutzt und die persönlichen Daten missbraucht [20]. Bei diesem Verfahren werden User aus jeglichen Diensten, vor allem Banken und Online-Shops, aufgefordert ihre Zugangsdaten preiszugeben. Ebenso ist es möglich, dass persönliche Daten gefordert werden, die das Knacken der Passwörter erleichtern können. Die Website erscheint auf dem ersten Blick stets bekannt und dadurch auch vertrauenswürdig. Dabei ist es nur eine Verfälschung der Originalseite des eigentlichen Dienstes. Für Angreifer sind nur die Websites interessant, aus denen er einen wirtschaftlichen Nutzen ziehen kann. Solche Seiten sind die, die einen Kundenportal mit Zugangsdaten besitzen [17]. Ein Phishing-Angriff kann über E-Mails, sozialen Netzwerken oder auch durch Spam-Kommentare auf Websites erfolgen [20]. Da Phishing meist per E-Mails durchgeführt wird, bezieht sich diese wissenschaftliche Arbeit nur auf diese Technik, um den Rahmen einzugrenzen.

Die Abbildung 3.1 veranschaulicht die Vorgehensweise eines Phishing-Angriffes per Mail. Der Angreifer erstellt zunächst eine Kopie der Website auf einen anderen Webserver. Anschließend versucht der Angreifer Kontakt zu potenziellen Opfern per Mail aufzunehmen. Da eine Zugriffsmöglichkeit einer Kundendatenbank nicht einfach ist, werden meistens eingekaufte Adressdatenbanken verwendet. Die Angreifer hoffen danach nur auf eine hohe Trefferquote. Durch das Erhalten der Mail vom User, wird er aufgefordert einen Link anzuklicken. Der Hyperlink leitet den User auf den Webserver des Angreifers hin. Damit der Link vertrauenswürdig erscheint, wird sogar ein Verweis auf das Impressum der Orginalseite erstellt.

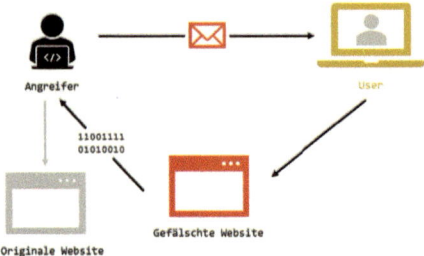

Abb. 3.1: Phishing-Angriff per E-Mail

Im Link wird der User dazu veranlasst sich anzumelden und evtl. persönliche Daten herauszugeben. Sobald Informationen in die Felder eingegeben werden, nimmt ein vorprogrammiertes Skript des Angreifers diese Informationen und speichert sie in einer Datenbank ab. Zum Schluss bekommt das Opfer eine Fehlermeldung, dass die angeforderte Seite nicht erreichbar ist. Nach paar Sekunde wird die Website automatisch aktualisiert und die originale Seite öffnet sich [17]. Bis der User bemerkt hat, dass es zu einem Opfer wurde, hat der Angreifer schon seine Daten geklaut.

3.2 Denial of Service

Ein weiteres Verfahren, um einen Angriff zu starten, nennt sich Denial of Service. Damit werden keine Informationen gestohlen, wie beim Phishing, sondern der Zugriff auf einem bestimmten internetbasierten Netzwerk verhindert. Mit einem DoS-Angriff ist es sogar möglich das Netzwerk komplett außer Betrieb zu setzen. Dabei wird der Host mit einer hohen Anzahl an nicht relevanten Anfragen überflutet. Die Folge davon ist, dass der Host mit seinen eigenen Aufgaben nicht nachkommt [17]. Das Ziel dabei ist es, dass User nicht den erwarteten Nutzen aus dem System ziehen können. Dies kann versehentlich oder aus böswilligen Ursachen stammen [18].

Traditioneller Denial of Service

Der gewöhnlichen DoS-Angriff besteht aus einer 1:1 Beziehung (Abb. 3.2). Der Angreifer legt alleine seinen Opfer außer Betrieb. Dabei muss der Angreifer aber mindestens die gleiche oder eine bessere Kapazität besitzen, wie sein Opfer. Er muss imstande sein leistungshungrige und eine große Anzahl an Abfragen zu generieren und abzuschicken. Vor allem bei datenbankgestützen Anwendungen [17].

7

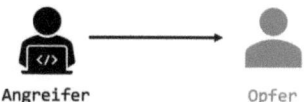

Abb. 3.2: Denial of Service [17]

Distributed Denial of Service

Die leistungsfähigen Netzwerke zu stürzen ist für einen einzelnen privaten Rechner kaum möglich, da sie zu überlegen sind. Zur Überlastung des Opfer-Hosts muss die Anzahl der angreifenden Hosts erhöht werden (Abb. 3.3). Die Zusammenwirkung mehrerer Hosts nennt man auch Botnet. Erst dadurch wird die Kapazität des Angreifers überlegen. Andernfalls kann der Angriff nicht zu einem Erfolg führen [17].

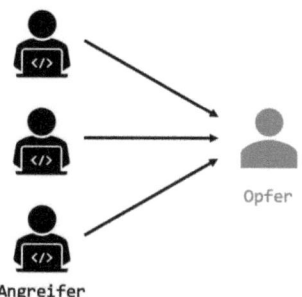

Abb. 3.3: Distributed Denial of Service [17]

Meistens hat der Angreifer direkt die gesamte Kontrolle der Botnets. Privatanwender stellen hier das Botnet dar. Da die privaten User unfreiwillige oder unwissend über den Angriff sind, nennt man sie auch Zombies. Die Kontrolle bekommt der Angreifer mittels Viren und Trojaner, womit er die benötigten Programme auf die Privatrechner installieren kann [17]. Der Angreifer kann das Botnet mit einer Art Kontrollprogramm steuern. Dadurch ist er in der Lage, alle Teilnehmer des Botnets zu befehlen gleichzeitig eine überflutete Anfrage an das eigentliche Opfer zu senden (Abb. 3.4). Durch die verteilten Hosts ist es auch deutlich schwieriger den eigentlichen Angreifer zu identifizieren [19]. Bei komplexeren DoS-Angriffen wird sogar die IP-Adresse des Angreifers durch die des Opfers gefälscht [20].

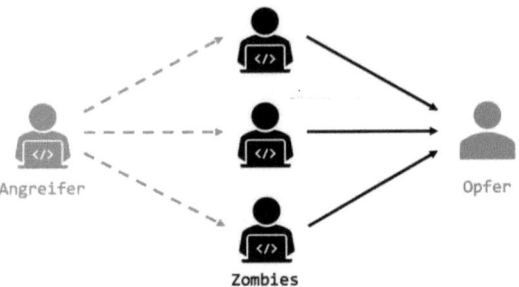

Abb. 3.4: Distributed Denial of Service mit Zombies [17]

Die Ermöglichung solcher Angriffe können Folgen von Fehlern in der Implementierung des Dienstes oder konzeptionelle Schwachstellen bestimmter Protokolle sein. Durch den Verbrauch von Ressourcen ist es ebenso erreichbar [17].

4 Einsatz von OSINT

Dieser Abschnitt der Arbeit handelt von der Vorgehensweise, welche Aktivitäten Ermittler ausführen, um auf eine Ergebnis einer Ermittlung zu gelangen. Darüber hinaus werden Möglichkeiten zur Untersuchung der Angriffe aus dem Kapitel 2 aufgezeigt.

4.1 Intelligence Cycle

Um den Ursprung eines Angriffes zu ermitteln muss man Wissen, also Intelligence, generieren. Dazu benötigt man Informationen, auf die man mittels Daten gelangt. Dazu kann die Wissenspyramide (Abb. 4.1) näher betachtet werden

Abb. 4.1: Die Wissenspyramide [22]

Wie die Information zu Intelligence umgewandelt wird, beschreibt der Intelligence Cycle. In der Abb. 4.2 wird ein geschlossener Kreislauf abgebildet. Man kann die Aktivitäten jedoch nicht immer in eine feste Reihenfolge setzen. Dies kann sich je nach Situation unterscheiden. Es kann beispielsweise bereits eine Information zu einem Angriff vorliegen, womit dann direkt mit der Analyse begonnen werden kann. Es unterscheidet sich jedoch nie stark vom eigentlichen Kreislauf [23].

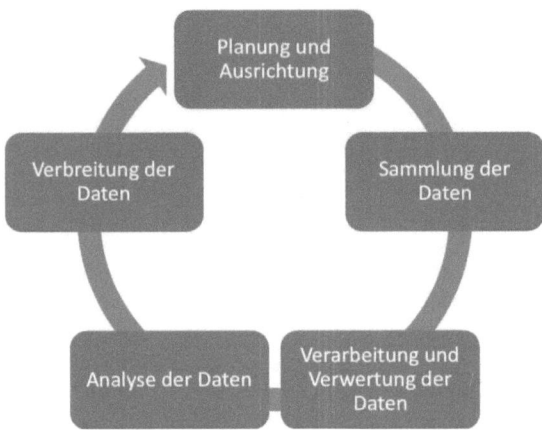

Abb. 4.2: Der traditioneller Intelligence Cycle [25]

1. **Planung und Ausrichtung**

   Die Planung und Ausrichtung stellt die Grundlage für den Intelligence Cycle dar. Er ist der Weg, von dem aus allen Aktivitäten des Kreislaufes gestartet werden. In der Regel hat der Verbraucher eine Anforderung an ein bestimmtes Produkt. Dieses Produkt kann ein Bericht, grafisches Bild oder auch Rohinformationen darstellen, die gesammelt, verarbeitet und verbreitet wird [26]. Es sollten Prioritäten gesetzt werden, da Zeit und Ressourcen immer knapp sind.

2. **Sammlung der Daten**

   Die Datensammlung wird durchgeführt um Rohdaten zu potenziellen Informationen zu identifizieren, die die Anforderungen des Verbraucher erfüllen [27]. Zu den Quellen gehören Nachrichtendienste, Luft- und Satellitenbilder oder Dokumente der Regierung und der Öffentlichkeit [26].

3. **Verarbeitung und Verwertung der Daten**

   Damit die Rohdaten verwendet werden können, müssen sie in verwertbare und verständliche Informationen konvertiert werden [25].

4. **Analyse der Daten**

   Im Analyseschritt wird den Informationen eine Bedeutung verliehen und anhand der gegebenen Anforderungen priorisiert [26].

5. **Verbreitung der Daten**

   Nach der Produktion des Produktes wird es an den Verbraucher oder Anderen weitergegeben. Das fertige Endprodukt wird als fertige Intelligenz bezeichnet. Nach der Verbreitung des Produktes können weitere Lücken identifiziert werden, wobei dann der Intelligence Cycle von neuem beginnt [26].

4.2 Ermittlung der Angriffe

Daten können nie komplett vernichtet werden. Systeme sind sogar in der Lage zu erkennen, welche Geräte, wie ein USB-Stick, angeschlossen waren. Jeder hinterlässt so genannte Footprints. Diese sind für Ermittler Beweismittel, die zur Untersuchung und Bewertung herangezogen werden [28]. Um einen Phishing-Angriff aufzuspüren sollte der E-Mail-Header untersucht und die gefundenen Daten tiefer analysiert werden. Weiterhin kann eine Whois-Abfrage ein weiterer Anhaltspunkt sein, Informationen über den Angreifer zu erhalten.

Die Chance den Angreifer eines DoS-Angriffes zu identifizieren ist sehr gering, da solch ein Angriff einen komplexen Weg zum Opfer hinterlegt, um die Spuren des Täters zu verwischen.

4.2.1 E-Mail-Header

Um einen Phishing-Angriff aufspüren zu können, muss die eingegangene E-Mail analysiert werden. Dabei spielt der Header der Mail eine wichtige Rolle. Es bildet den Briefkopf eines konventionellen Briefes ab. Im Header oder im Briefkopf sind Informationen wie der Absender, Empfänger, Datum oder Betreff enthalten. Diese Angaben sind jedoch vom Absender beliebig einstellbar. Möglich ist auch, dass die Header Informationen nicht mit den eigentlichen Angaben übereinstimmen, sodass es als Scheinbild dient [29]. Zu der Analyse des Headers gehören die folgenden Punkte dazu:

- Das Feld „Received" muss intensiver analysiert werden. Es befinden sich immer mehr „Received"-Felder. Das erste Feld wird durch den Mail Transfer Agent (MTA) erzeugt, der die E-Mail als letztes in der Kette transportiert hat. Das „Received"-Feld, der ganz unten steht, stammt von der MTA, der die Mail als erstes weitergeleitet hat. Normalerweise lässt sich der Mail-Transport über mehrere MTA-Stationen nachvollziehen.

- Eine Whois-Recherche sollte durchgeführt werden. Sie zeigt zu welcher Organisation die IP-Adresse aus dem Header gehört, die in Abschnitt 4.2.2 etwas näher beschrieben wird.

- Mögliche Kontaktaufnahme zu den Verantwortlichen der Organisationen, um den Anwender der IP-Adresse zu verifizieren.

Die Abb. 4.3 zeigt einen Header einer Phishing-Mail an. Zur Übersicht wurden irrelevante Informationen des Headers entfernt. Der gesamten E-Mail-Header wurde vom Forscher und Webentwickler Matthew Hale zur Verfügung gestellt und ist in der Quelle [30] wiederzufinden. Anhand dieses Beispieles kann der Header gut erklärt werden.

1. Received:
Das erste „Received"-Feld enthält den Mailserver der eigenen Internet Service Provider (ISP) oder Organisation. Es gibt den Mailserver an, der die Mail zuletzt entgegen

genommen hat. Dabei ist auch erkennbar, welcher externer Mailserver dieser Mail in der eigenen Organisation abgeliefert hat. In diesem Fall ist es ein Outlook Mailserver [29].

2. **Received:**
   Dieses Feld kann einen weiteren Relay-Server oder den Angreifer selbst darstellen. Ein Relay-Server ist ein Server, der die Mails nur weitertransportiert. Am besten wird diese IP-Adresse im Domain Name Service (DNS) oder Whois überprüft [29].

```
①Received: from BL2PRD0711HT001.namprd07.prod.outlook.com (10.255.104.164) by
  BY2PRD0711HT003.namprd07.prod.outlook.com (10.255.88.166) with Microsoft SMTP
  Server (TLS) id 14.16.257.4; Thu, 17 Jan 2013 23:35:35 +0000
②Received: from BL2PRD0711HT002.namprd07.prod.outlook.com (10.255.104.165) by
  BL2PRD0711HT001.namprd07.prod.outlook.com (10.255.104.164) with Microsoft
  SMTP Server (TLS) id 14.16.257.4; Thu, 17 Jan 2013 23:35:34 +0000
③Received: from User (85-250-54-29.bb.netvision.net.il[85.250.54.29])
  (authenticated bits=0)
  by mail240-tx2-R.bigfish.com (Postfix) with ESMTP
  id A05C032025F for <jerryp@mail.unomaha.edu>; Thu, 17 Jan 2013 23:35:33 +0000 (UTC)
④Message-ID: <201301172333.r0HNXZSI028539@mail.shako.com.tw>
  Reply-To: <carrr444@yahoo.com>
  From: JOSEPH CAMARAH VIEIRA <vieria@aol.com>
  Subject: [Spam-Mail] Dear Sir/Madam. (This message should be blocked: ctdos35128)
  Date: Fri, 18 Jan 2013 01:46:07 +0200
⑤To: Undisclosed recipients:;
⑥Return-Path: vieria@aol.com

⑦Dear Sir/Madam,
  my name is Joseph Camarah Vieira, i am from Guinea Bissau, my late father was the former minister of mines in my
  country Guinea Bissau, he was short dead by the rebels in my country, before his death he deposited $60 million Dollars
  with Global Trust Security Company Accra Ghana, i want you to help me receive this money in your country for investment
  in your country i will give you 30% of the total sum when the funds arrive your country.

  Regards.
  Mr Joseph Camarah Vieira
  00233 244 617 863
  my email:carrr444@yahoo.com£££
```

Abb. 4.3: E-Mail Header einer Phishing-Mail [30]

3. **Received:**
   Angreifer können weitere „Received"-Felder einfügen, die ihre Spuren verwischen sollen. Ist dieser Mail-Server nicht im vorherigen „Received"-Feld zu finden, ist es höchstwahrscheinlich ein gefälschter Eintrag vom Angreifer [29].

4. **Message-ID:**
   Diese ID ist eine eindeutige Kennung für jede E-Mail. Man kann es wie eine Seriennummer einer Maschine sehen. Normalerweise ist sie immer eindeutig in der auch der Rechnername besteht. Die Message-ID wird vom Mail-Server des Absenders erzeugt. Fehlt diese ID, wird sie von anderen Mailservern nachgetragen, die es weiter transportieren. Da diese ID leicht zu fälschen ist, ist sie keine eindeutige Quelle für eine Spur zum Angreifer [29].

5. **To:**
   Selten ist es der Fall, dass diese Zeile nicht verfälscht ist. Für die Adressierung wird die Blind Carbon Copy (BCC)-Funktion verwendet. Durch diese Funktion wird die Mail zwar an den Empfänger zugestellt, aber im Header nicht angezeigt [29].

6. Return-Path:
Diese E-Mail-Adresse stellt der Absender als Möglichkeit zur Rückmeldung zur Verfügung. Dieser wird jedoch vom Angreifer gefälscht oder gehört Personen, die unwissend über den Angriff sind [29].

7. Email-Body:
Hier befindet sich der eigentlicher Inhalt der E-Mail [29].

4.2.2 Whois-Abfrage

Mit einer Whois-Abfrage kann herausgefunden werden, wer die Ziel-Domain registriert hat. Darüber hinaus können auch die folgenden Informationen ermittelt werden:

- Domain-Name-Inhaber und persönliche Daten
- Abrechnungskontakt
- technische Kontaktadresse

In der Abb. 4.4 ist ein Teilbericht einer Whois-Abfrage über die Domain-Name Darkess-Gate.com, der von https://whois.icann.org erstellt wurde [23]. Das Beispiel wurde aus dem Buch von Hassan N. und Hijazi R. entnommen.

```
Domain Name: DARKNESSGATE.COM
Registry Domain ID: 1765860924_DOMAIN_COM-VRSN
Registrar WHOIS Server: whois.enom.com
Registrar URL: www.enom.com
Updated Date: 2017-12-12T23:50:05.00Z
Creation Date: 2012-12-12T16:51:31.00Z
Registrar Registration Expiration Date: 2018-12-12T16:51:00.00Z
Registrar: ENOM, INC.
Registrar IANA ID: 48
Domain Status: clientTransferProhibited
https://www.icann.org/epp#clientTransferProhibited
Registry Registrant ID:
Registrant Name: NIHAD HASSAN
Registrant Organization: DARKNESSGATE
```

Abb. 4.4: Ein Teilbericht einer Whois-Abfrage [23]

Diese Informationen sind öffentlich und werden von der Internet Corporation for Assigned Names and Numbers (ICANN)-Organisation, die für die Überwachung des Domainnamensystems verantwortlich ist, verlangt. Die Whois-Informationen zu jeder Domain werden in öffentlichen zentralen Datenbanken, den Whois-Datenbanken, gespeichert. Diese Datenbanken können abgefragt werden, um detaillierte Informationen über jeden registrierten Domain-Namen zu erhalten.

5 Fazit

Es ist nicht immer einfach den Täter eines Angriffes zu identifizieren. Wichtig ist dabei zuerst zu verstehen, wie der Angriff durchgeführt wurde. Erst durch das Wissen des Hinweges, kann ein Rückweg geplant werden. Zur Identizifierung wird in dieser Arbeit das Verfahren der Open Source Intelligence verwendet. Dabei werden auf öffentlich zugängliche Daten zugegriffen, die der dazu beirtragen sollen den Täter zu ermitteln.

Zuerst wurden die Begriffe Open Source Intelligence und Cyber Security definiert. OSINT ist eine Intelligenz, die anhand Informationen aus öffentlichen Quellen produziert wird. Dazu werden Daten gesammelt, sie zur Weiterbearbeitung verwertet, analysiert und zu Intelligenz entwickelt und zum Schluss verbreitet. Cyber Security stellt den Schutz der Netzwerke und Daten dar. Durch Schutzziele werden Maßnahmen entwickelt, damit eine Sicherheit gewährleistet werden kann. Die häufigsten Ziele sind die Vertraulichkeit, Verfügbarkeit und Integrität. Mittels der Sicherstellung der Zugänge auf Informationen und Systeme wird die Vertraulichkeit erfüllt. Die Verfügbarkeit stellt man sicher, indem Informationen und Systeme jederzeit zugriffs- und betriebsbereit sind. Wenn eine Unveränderlichkeit von Systemen und Informationen gewährleistet wird, wird die Integrität erfüllt.

Zum Verständnis wurde im dritten Abschnitt dieser Arbeit die Arten Phishing und Denial of Service als Angriffsarten vorgestellt. Es wurden diese Beispiele ausgesucht, um unterschiedliche Brechungen der Schutzziele zu verdeutlichen. Phishing bricht das Schutzziel der Vertraulichkeit und evtl. auch die Integrität. Bei einem DoS-Angriff ist es die Verfügbarkeit.

Der vierte Abschnitt beschreibt die Verfahrung und Techniken zu Ermittlung. Der Intelligence Cycle stellt den Ermittlern eine Methodik zur Vorgehensweise dar. Um den Täter eines Phishing-Angriffes festzustellen, sollte der E-Mail-Header analysiert werden. Darin sind IP-Adressen enthalten, die evtl. eine weitere Spur sein kann. Um diese IP-Adressen näher zu analysieren gibt es dazu eine Whois-Abfrage. Es wird eine Anfrage an die Organisation ICANN gesendet, die Informationen zur verantwortlichen Person einer Internet-Domain oder IP-Adresse herausgeben kann.

Literaturverzeichnis

[1] Rudnicka, J. (2019): Polizeilich erfasste Fälle von Cyberkriminalität in Deutschland bis 2018, in: Statista, [online] https://de.statista.com/statistik/daten/studie/295265/umfrage/polizeilich-erfasste-faelle-von-cyberkriminalitaet-im-engeren-sinne-in-deutschland [20.12.2019]

[2] Statista Research Department (2016): Anzahl der aktiven E-Mail-Accounts weltweit als Prognose in den Jahren 2014 bis 2019, in: *Statista*, [online] https://de.statista.com/statistik/daten/studie/247523/umfrage/e-mail-accounts-und-e-mail-nutzer-weltweit/ [20.12.2019]

[3] Rabe, L. (2019): Prognose zur Anzahl der täglich versendeten und empfangenen E-Mails weltweit von 2019 bis 2023, in: *Statista*, [online] https://de.statista.com/statistik/daten/studie/252278/umfrage/prognose-zur-zahl-der-taeglich-versendeter-e-mails-weltweit/ [20.12.2019]

[4] Schmitz, Peter (2019): State of the Phish-Report 2019, in: *Security-Insider*, [online] https://www.security-insider.de/e-mails-sind-wichtigstes-einfallstor-fuer-cyberangriffe-a-794599/ [20.12.2019]

[5] Rudnicka, J. (2018): Finanzieller Schaden durch Phishing im Onlinebanking in Deutschland von 2008 bis 2016, in: *Statista*, [online] https://de.statista.com/statistik/daten/studie/38681/umfrage/finanzieller-schaden-durch-phishing/ [20.12.2019]

[6] Dulles, Allen Welsh (1963): The craft of intelligence [online] https://archive.org/details/AllenDullesTheCraftOfIntelligenceBookZZ.org [01.12.2019]

[7] NATO (2001): Open Source Intelligence Handbook, in: *Academica*, [online] https://www.academia.edu/4037348/NATO_Open_Source_Intelligence_Handbook [30.11.2019]

[8] Public Law (2006): NATIONAL DEFENSE AUTHORIZATION ACT FOR FISCAL YEAR 2006, in: *govinfo*, [online] https://www.govinfo.gov/content/pkg/PLAW-109publ163/pdf/PLAW-109publ163.pdf [01.12.2019]

[9] Bundesnachrichtendienst (2014): Der Auslandsnachrichtendienst Deutschlands, in: *Dienstzeitende*, [online] `https://www.dienstzeitende.de/site/dze/files/anbieter_dateien/701/bnd-broschuere.pdf` [30.11.2019]

[10] Pohl, Hartmut (2004): Taxonomie und Modellbildung in der Informationssicherheit, in: *Datenschutz und Datensicherheit DoD*, Nr. 11 ,S.678-685 [online] `https://www.researchgate.net/publication/228710220` [30.11.2019]

[11] Hanschke, Ingrid (2019): *Informationssicherheit und Datenschutz systematisch und nachhaltig gestalten: Eine kompakte Einführung in die Praxis*, doi: `https://doi.org/10.1007/978-3-658-27063-6`

[12] Gabler Wirtschaftslexikon (2019): Cybersecurity, in: *Gabler Wirtschaftslexikon*, [online] `https://wirtschaftslexikon.gabler.de/definition/cybersecurity-99856` [02.12.2019]

[13] Pohlmann, Nobert (2019): *Cyber-Sicherheit: Das Lehrbuch für Konzepte, Prinzipien, Mechanismen, Architekturen und Eigenschaften von Cyber- Sicherheitssystemen in der Digitalisierung*, doi: `https://doi.org/10.1007/978-3-658-25398-1`

[14] Witt, Bernhard C. (2006): *IT-Sicherheit kompakt und verständlich: Eine praxisorientierte Einführung*, 1. Auflg., doi: `https://doi.org/10.1007/978-3-8348-9077-1`

[15] Dustdar, Schahram / Harald Gall / Manfred Hauswirth (2003): Software-Architekturen für Verteilte Systeme: Prinzipien, Bausteine und Standardarchitekturen für moderne Software, 1. Auflg., doi: `https://doi.org/10.1007/978-3-642-55599-2`

[16] Bedner, Mark / Tobias Ackermann (2010): *Schutzziele der IT-Sicherheit*, in: *Datenschutz und Datensicherheit*, Vol. 34, Nr. 3, S. 323-328, doi: `https://doi.org/10.1007/s11623-010-0096-1`

[17] Eschweiler, Jörg / Daniel E. Atencio Psille (2006): *Security @Work*, doi: `https://doi.org/10.1007/3-540-36226-6`

[18] Hunter, John M. D. (2002): *An Information Security Handbook*, 2. Auflg., doi: `https://doi.org/10.1007/978-1-4471-0261-8`

[19] Erickson, Jon (2008): *Hacking: The Art of Expolitation*, 2. Auflg., San Francisco, USA: No Starch Press

[20] Ziegler, Manuel (2014): *Web Hacking: Sicherheitslücken in Webanwendungen - Lösungswege für Entwickler*, doi: `https://doi.org/10.3139/9783446441125`

[21] Nelson, Bill / Amelia Phillips / Christopher Steuart (2010): *Guide to Computer Forensics and Investigations*, 4. Auflg., Boston, Vereinigte Staaten: Cengage

[22] Bodendorf, Freimut (2006): Daten- und Wissensmanagement, 2. Auflg., doi:
https://doi.org/10.1007/3-540-28682-9

[23] Hassan, Nihad A. / Rami Hijazi (2019): Open Source Intelligence Methods and
Tools: A Practical Guide to Online Intelligence, doi:
https://doi.org/10.1007/978-1-4842-3213-2

[24] Bose, Ranjid (2008), *Competitive intelligence process and tools for intelligence
analysis*, doi: https://doi.org/10.1108/02635570810868362

[25] Central Intelligence Agency (2008): Testing the Intelligence Cycle Through Systems
Modeling and Simulation, in: *CIA*, [online]
https://www.cia.gov/library/center-for-the-study-of-intelligence/
csi-publications/books-and-monographs/
analytic-culture-in-the-u-s-intelligence-community/chapter_4_systems_
model.htm# [23.12.2019]

[26] U.S. National Intelligence Agency (2013): An Overview 2013, in: *DNI*, [online]
https://www.dni.gov/files/documents/USNI%202013%20Overview_web.pdf
[02.01.2020]

[27] Williams, Heather J. / Ilana Blum (2019): *Defining Second Generation Open Source
Intelligence (OSINT) for the Defense Enterprise*, doi:
https://doi.org/10.7249/RR1964

[28] Galley, Birgit / Dr. Ingo Minoggio / Prof. Dr. Marko Schuba (2016)
Unternehmenseigene Ermittlungen: Recht - Kriminalistik - IT, Berlin, Deutschland:
Erich Schmidt Verlag GmbH

[29] Geschonneck, Alexander (2010): *Computer Forensik: Computerstraftaten erkennen,
ermitteln, aufklären*, Heidelberg, Deutschland: dpunkt Verlag

[30] Dr. Hale, Matthew L. (2019): Phishing - Email Header Analysis, in: *GitHub*, [online]
https://mlhale.github.io/nebraska-gencyber-modules/phishing/
email-headeranalysis/#email-headers [02.01.2020]